Kleine Künstler Malbücher

_____

VON / FÜR / DEIN NAME / GESCHENK FÜR

ANLEITUNG

1. WÄHLE DAS MOTIV AUS, DAS DU LERNEN MÖCHTEST ZU ZEICHNEN.

2. BEGINNE MIT EINEM BLEISTIFT DAS MOTIV AUF DER RECHTEN SEITE DES BUCHES ZU ZEICHNEN.

3. ZUM SCHLUSS WIRD DAS MOTIV VOLLSTÄNDIG BUNT BEMALT!

KLEINE KÜNSTLER
MALBÜCHER

HUND / DOG

① ② ③ ④ ⑤ ⑥ ⑦

SCHNECKE / SNAIL

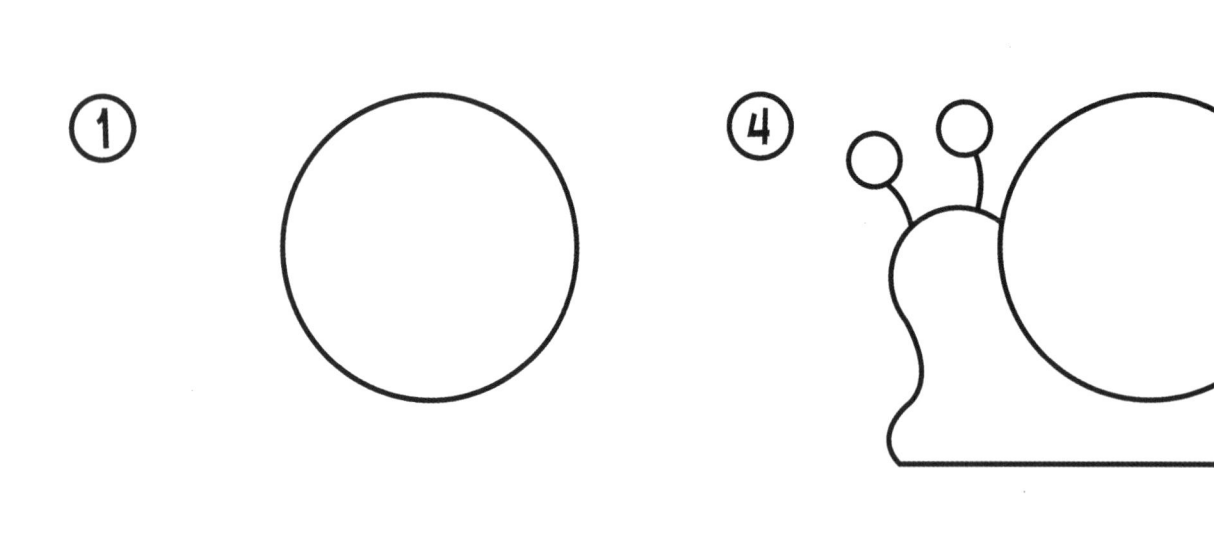

FISCH / FISH

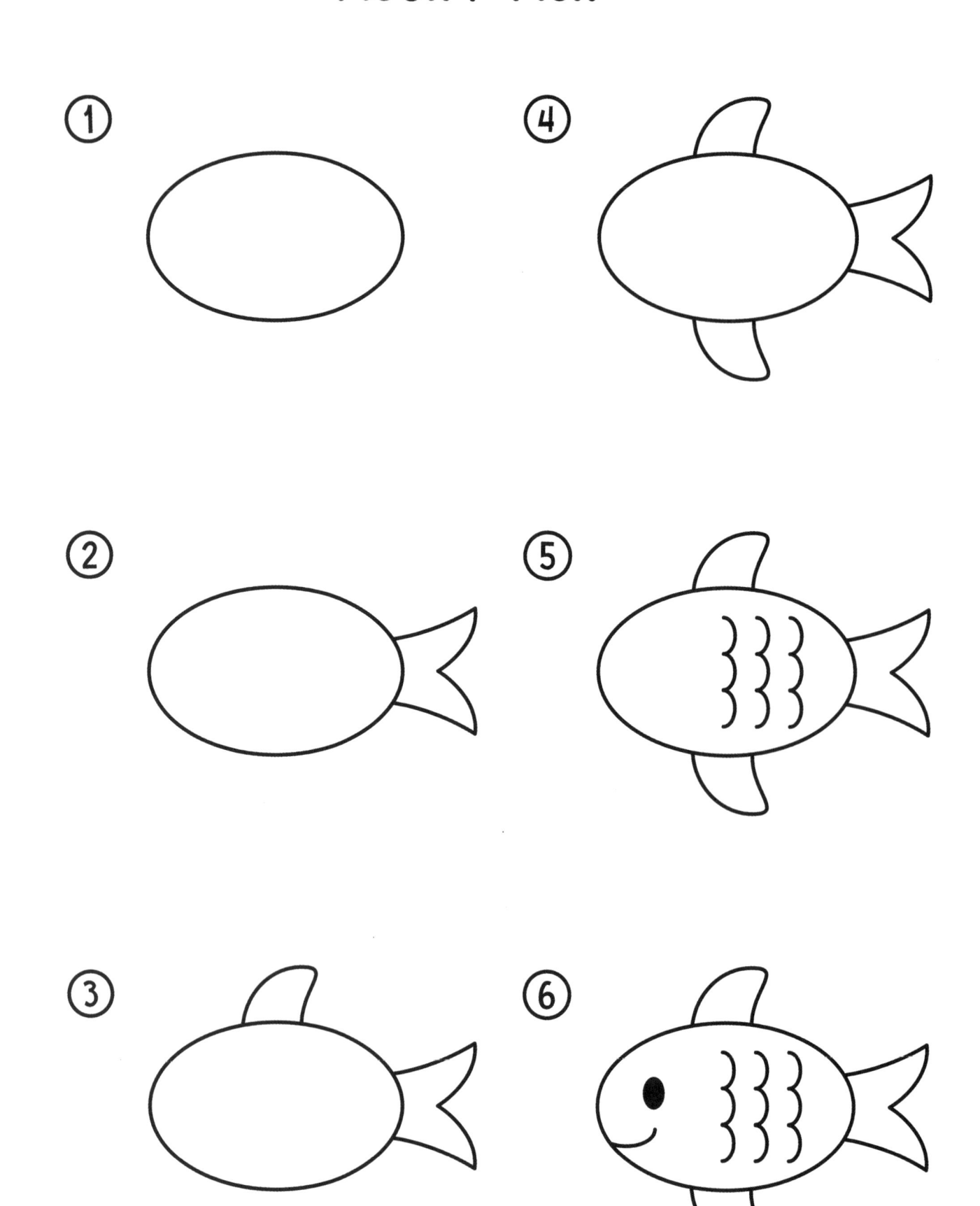

① ④

② ⑤

③ ⑥

ELEFANT / ELEPHANT

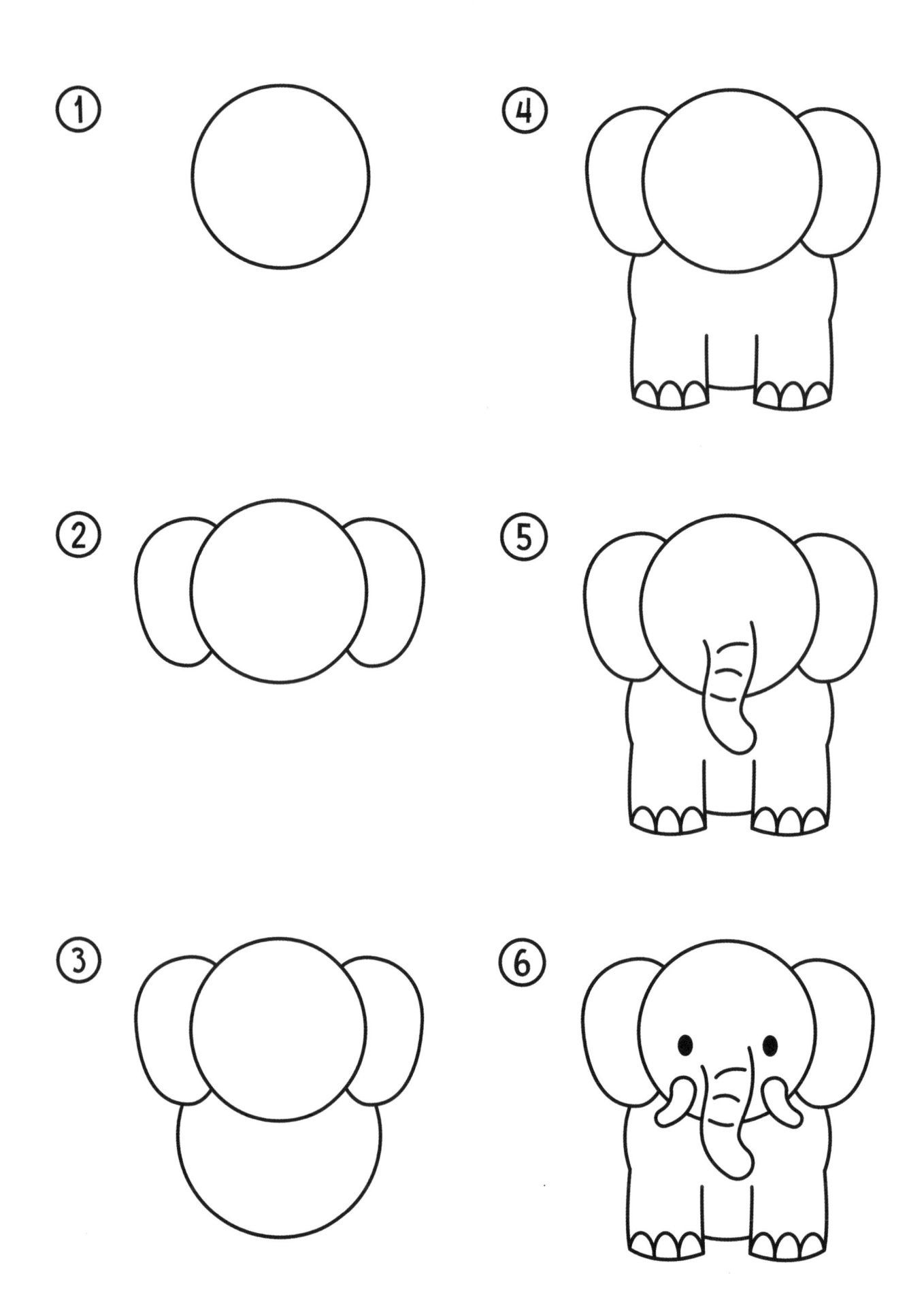

ENTE / DUCK

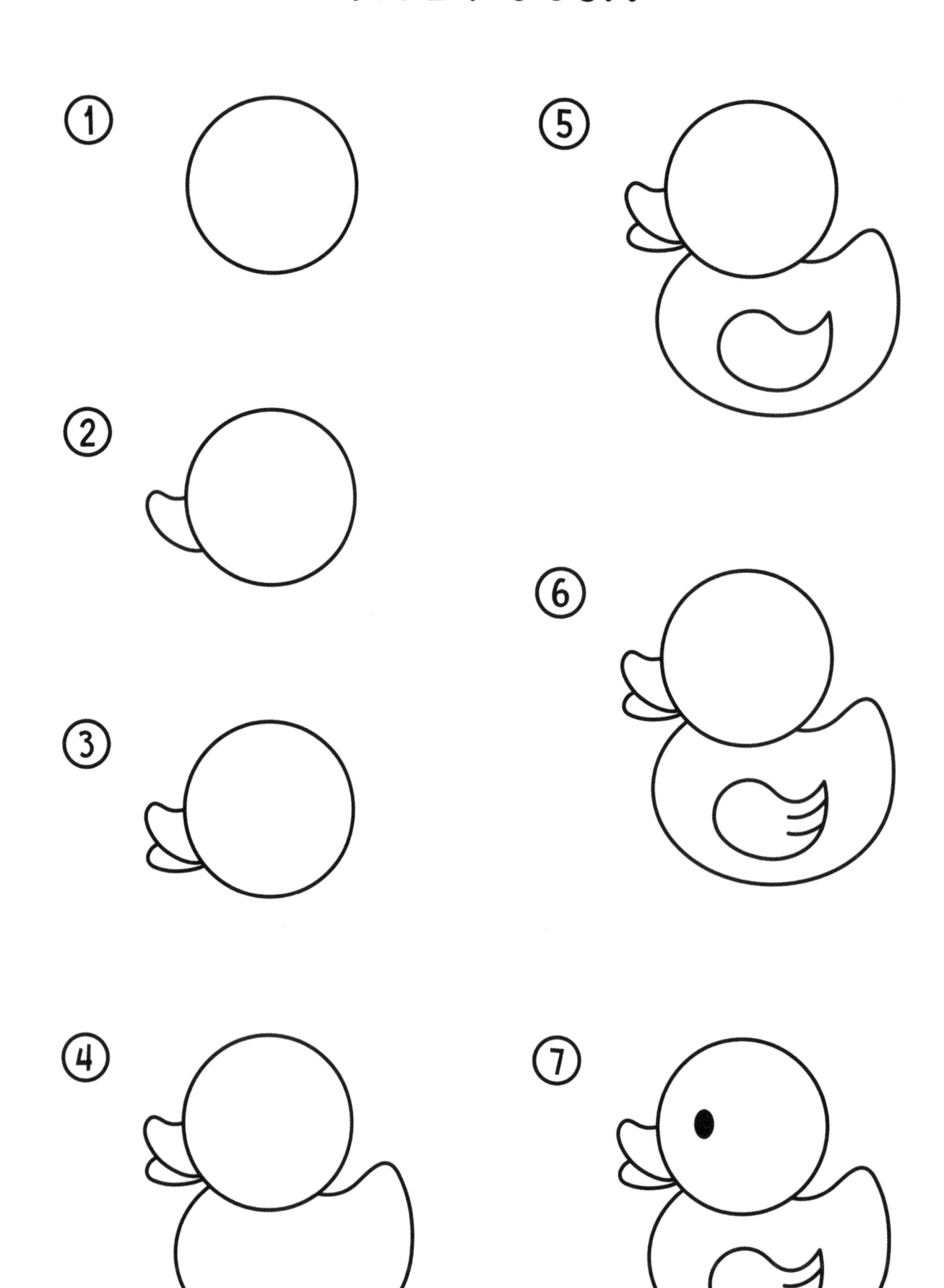

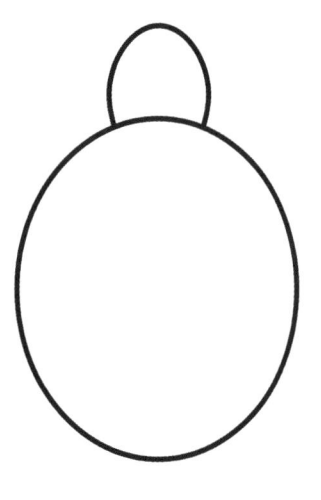

SCHILDKRÖTE / TURTLE

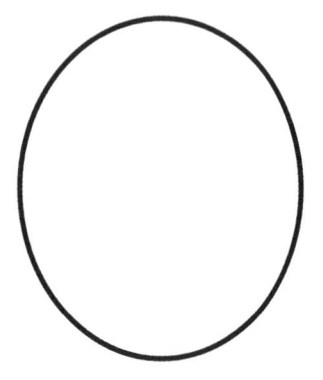

QUALLE / JELLYFISH

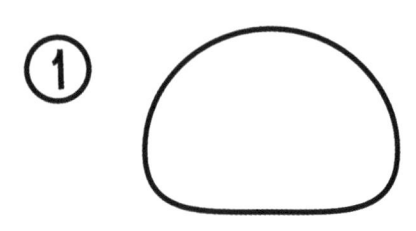

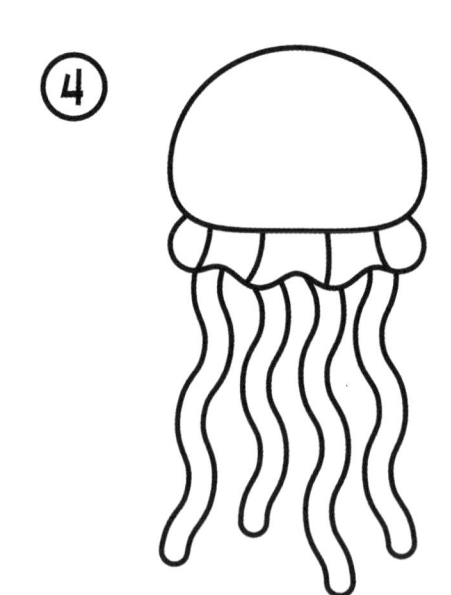

① ④

② ⑤

③ ⑥

KATZE / CAT

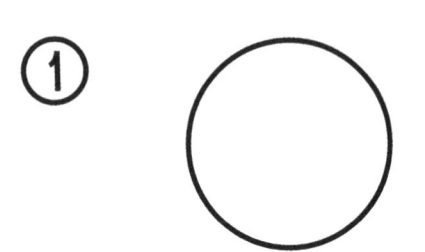

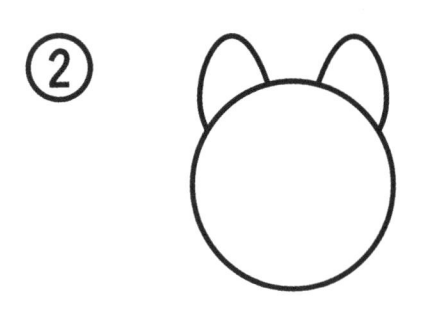

LÖWE / LION

① ② ③ ④ ⑤ ⑥ ⑦

MAUS / MOUSE

KRABBE / CRAB

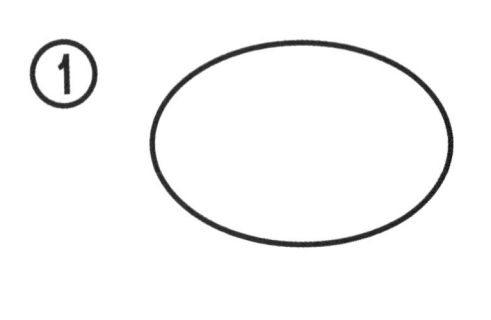

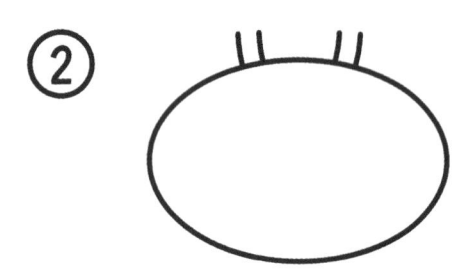

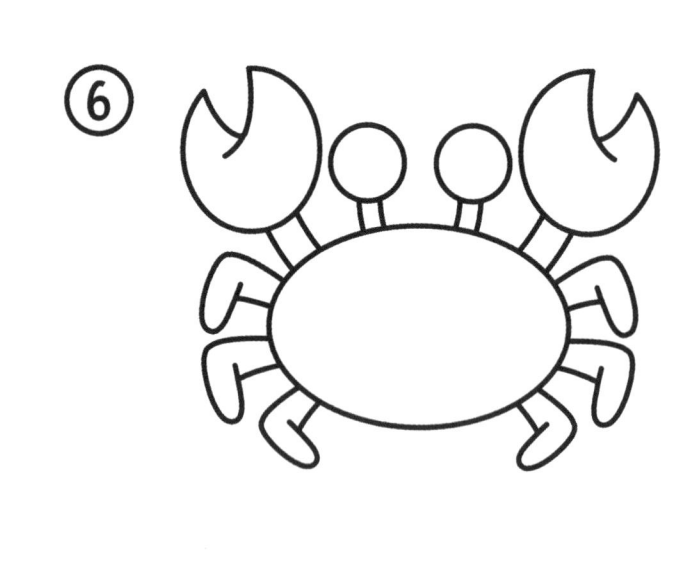

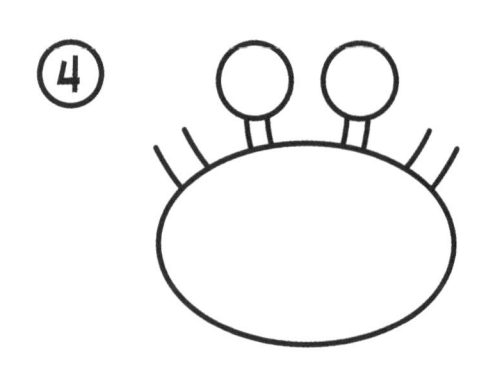

BIENE / BEE

① ② ③ ④ ⑤ ⑥ ⑦

FROSCH / FROG

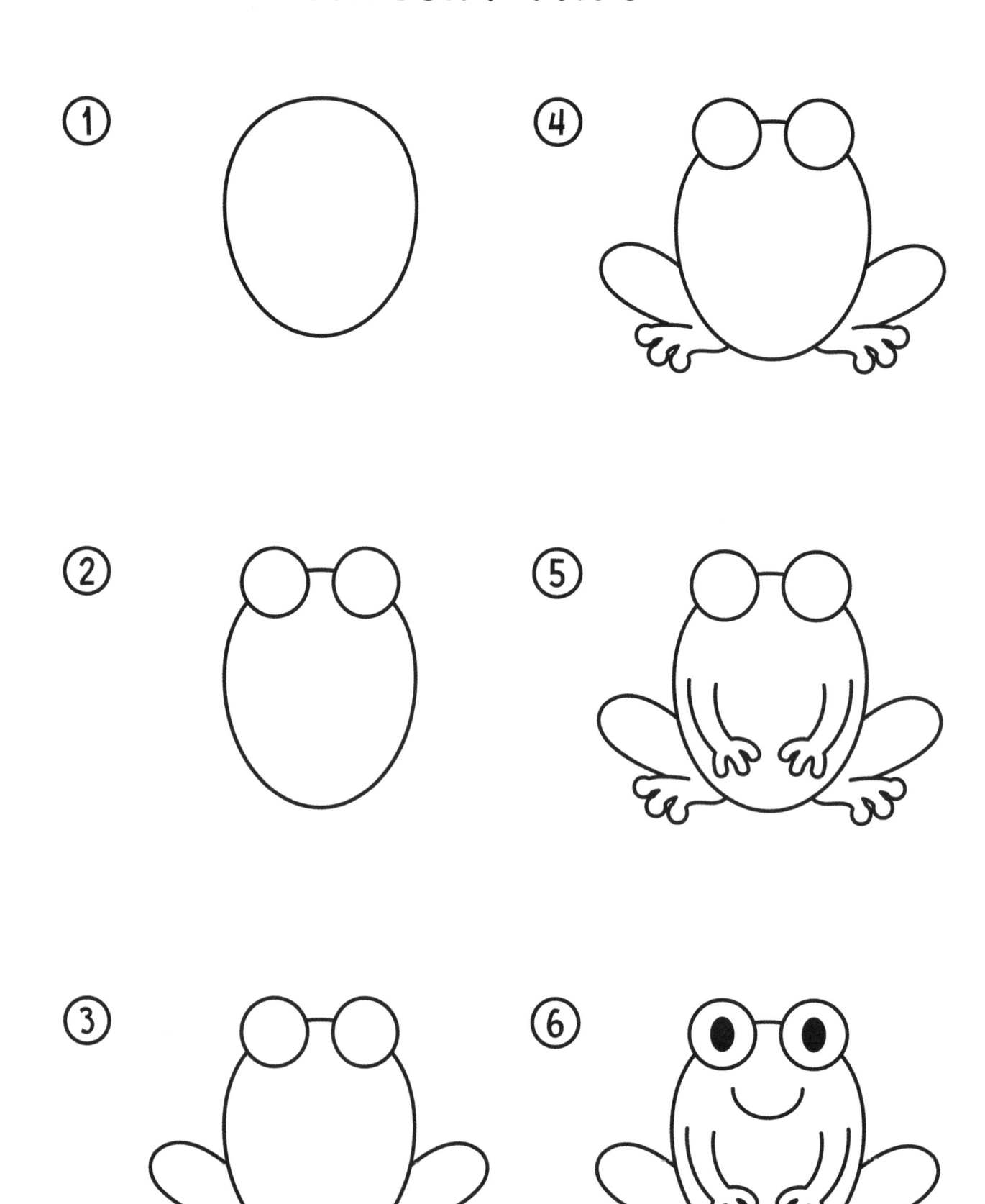

HASE / RABBIT

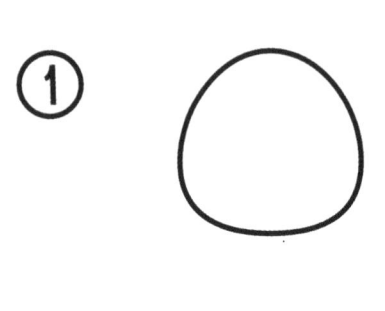

① ② ③ ④ ⑤ ⑥

SCHAF / SHEEP

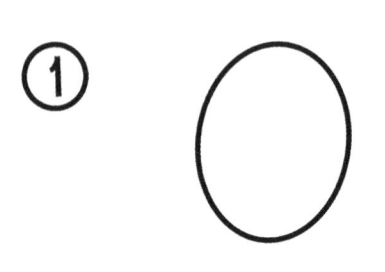

① ② ③ ④ ⑤ ⑥

AFFE / MONKEY

RAUPE / CATERPILLAR

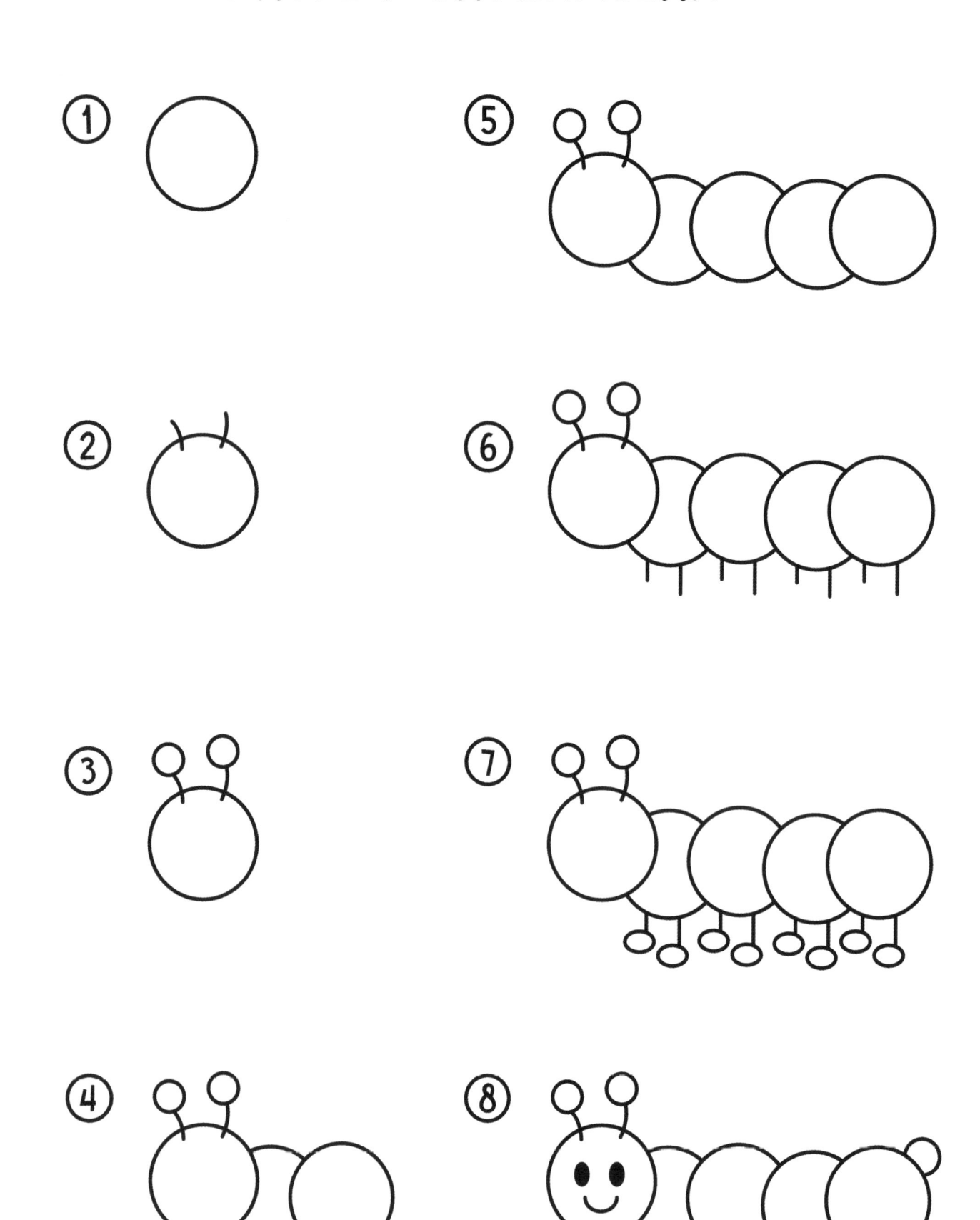

MARIENKÄFER / LADYBUG

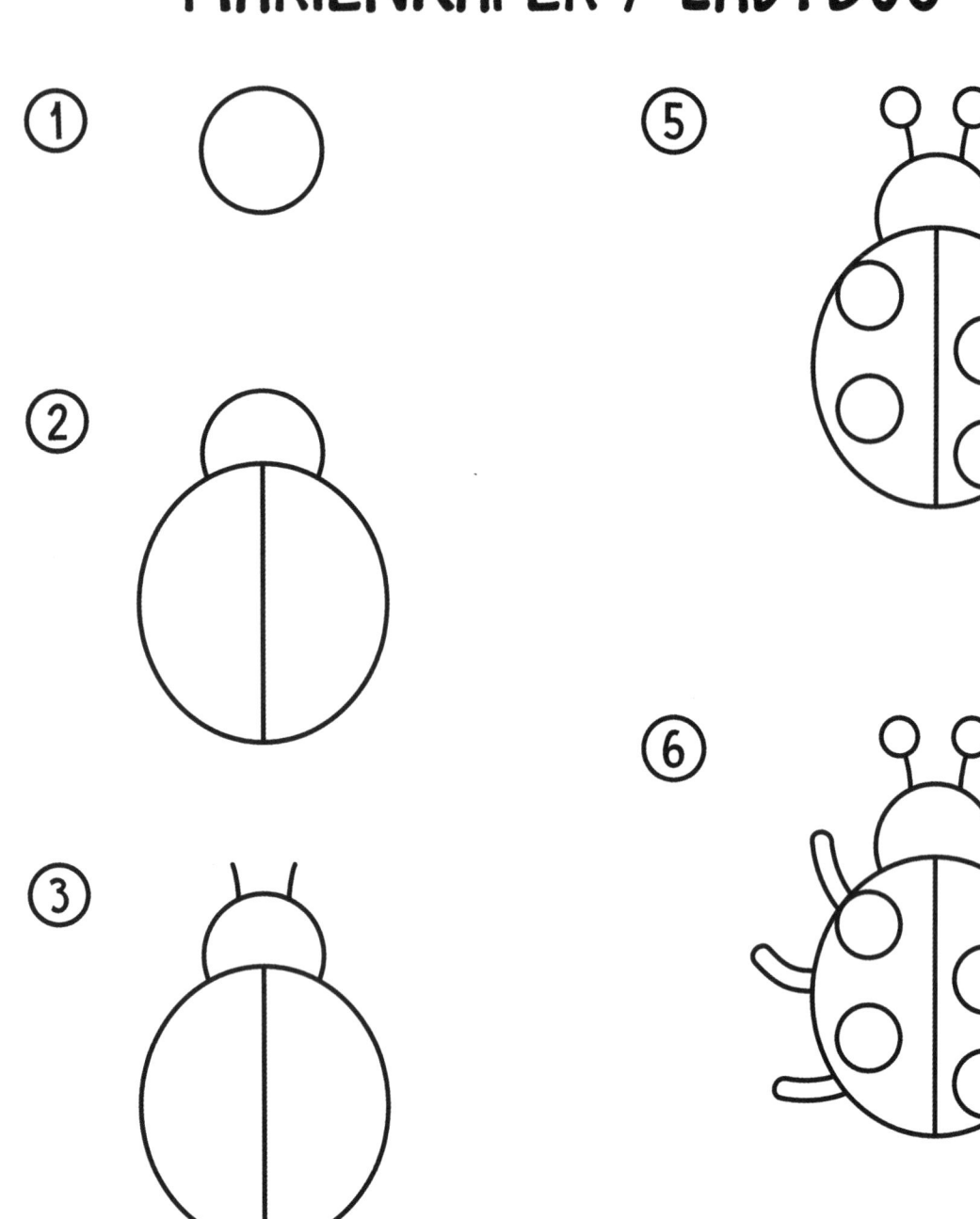

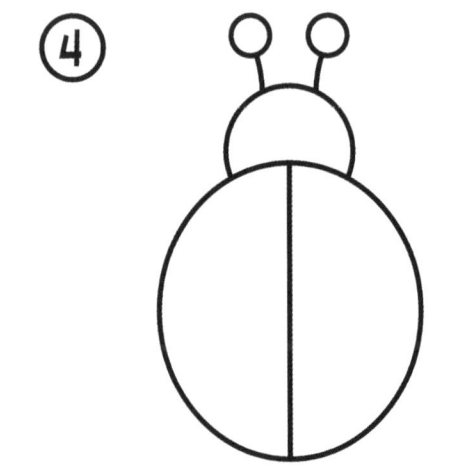

① ② ③ ④ ⑤ ⑥ ⑦

SEEPFERD / SEAHORSE

① ② ③ ④ ⑤ ⑥ ⑦

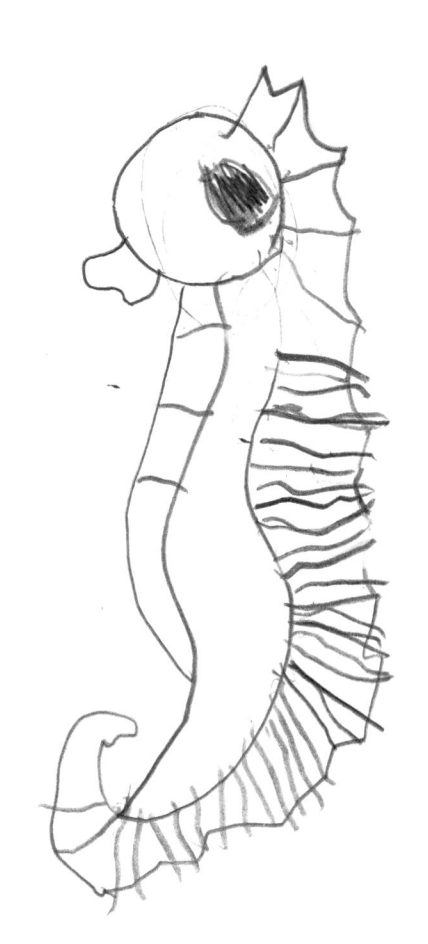

GIRAFFE / GIRAFFE

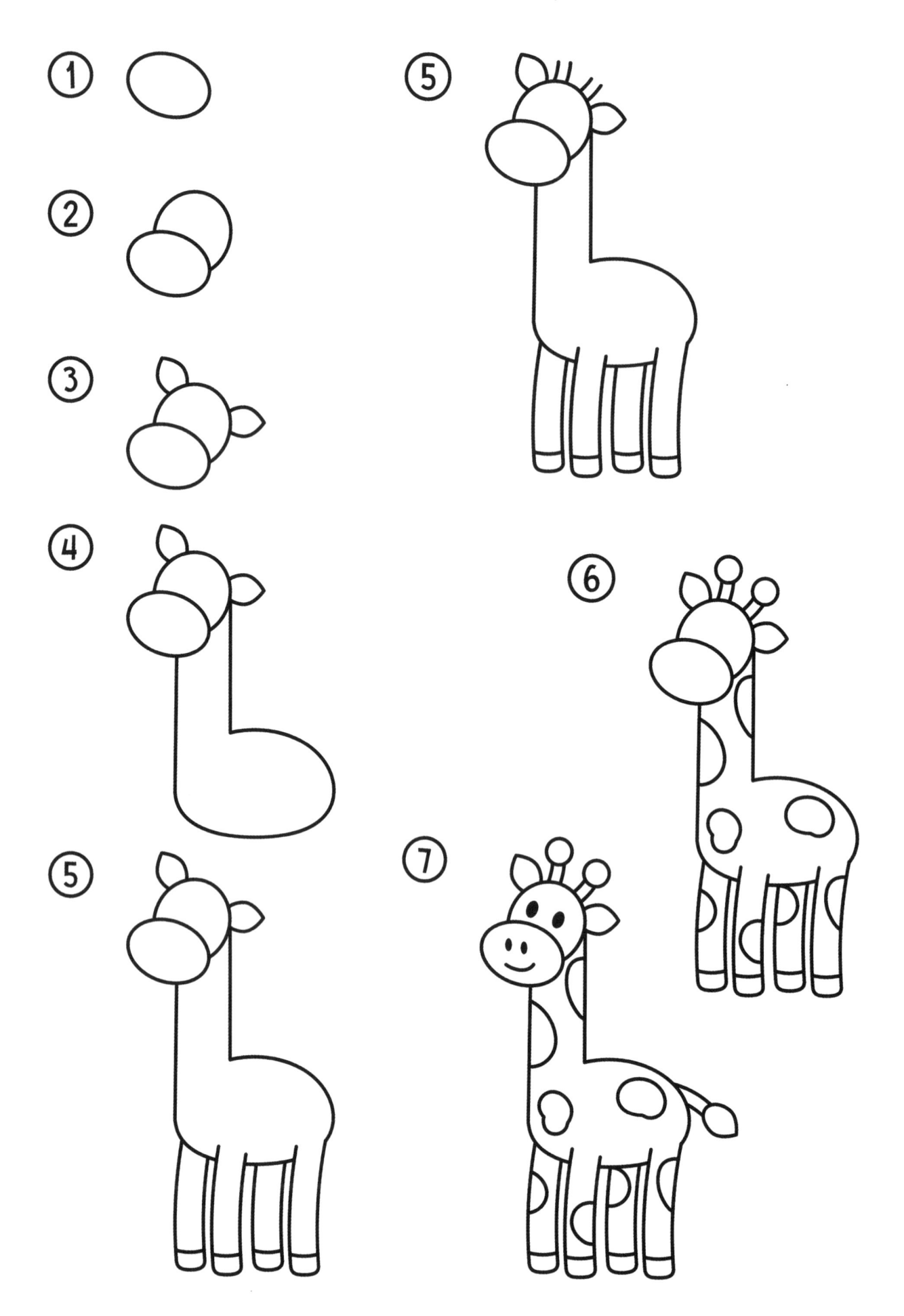

VOGEL / BIRD

① ② 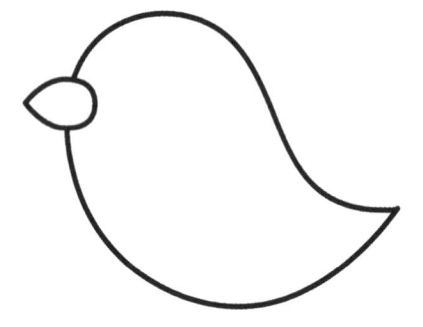 ③  ④  ⑤  ⑥  ⑦

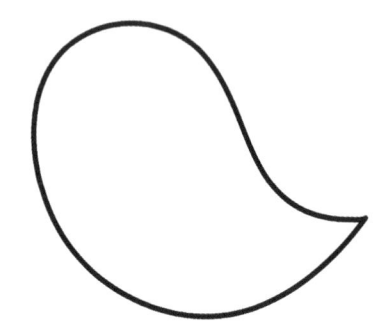

DELFIN / DOLPHIN

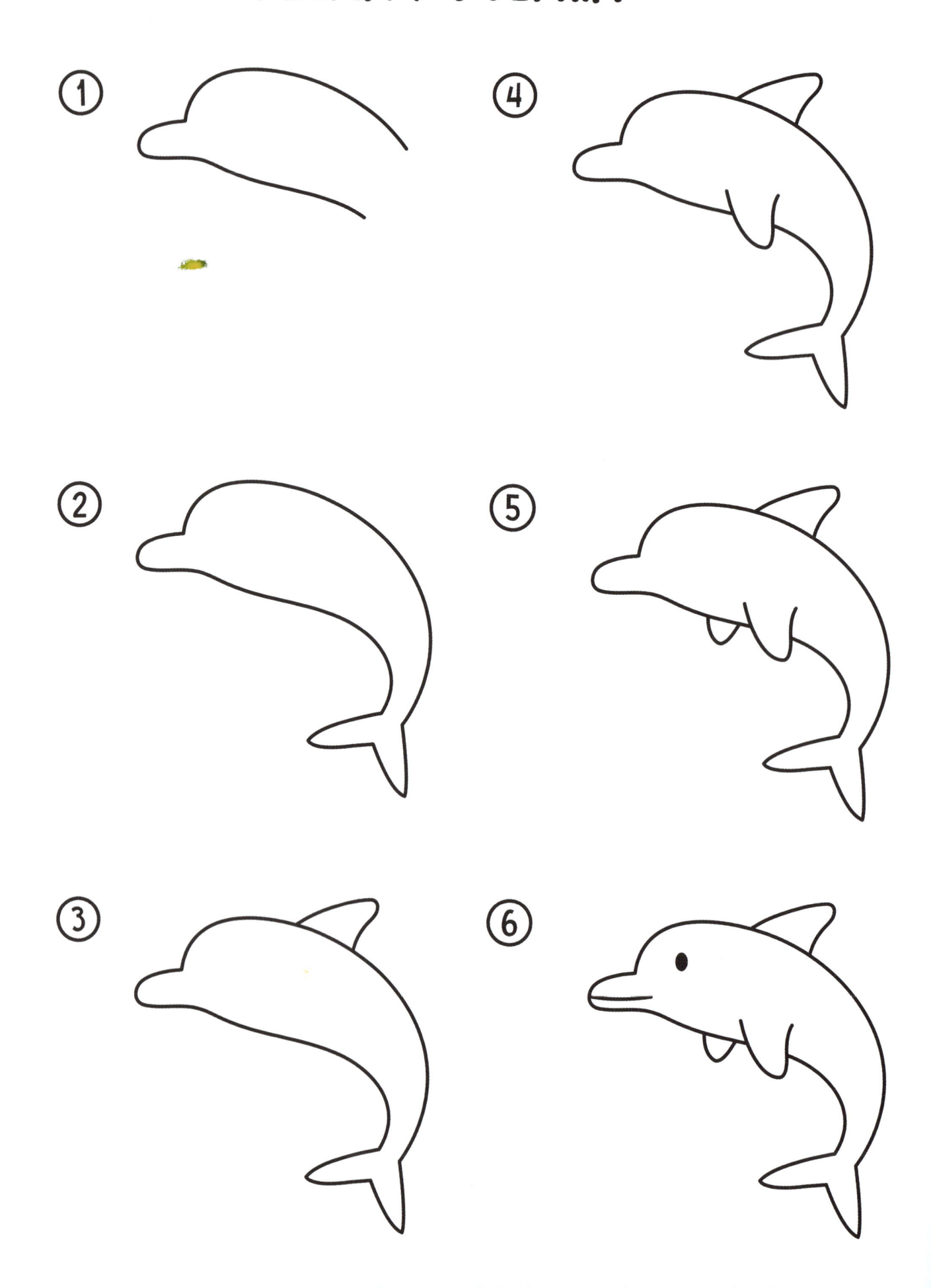

① ② ③ ④ ⑤ ⑥

HAHN / ROOSTER

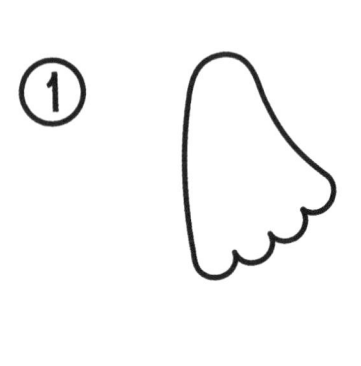

EULE / OWL

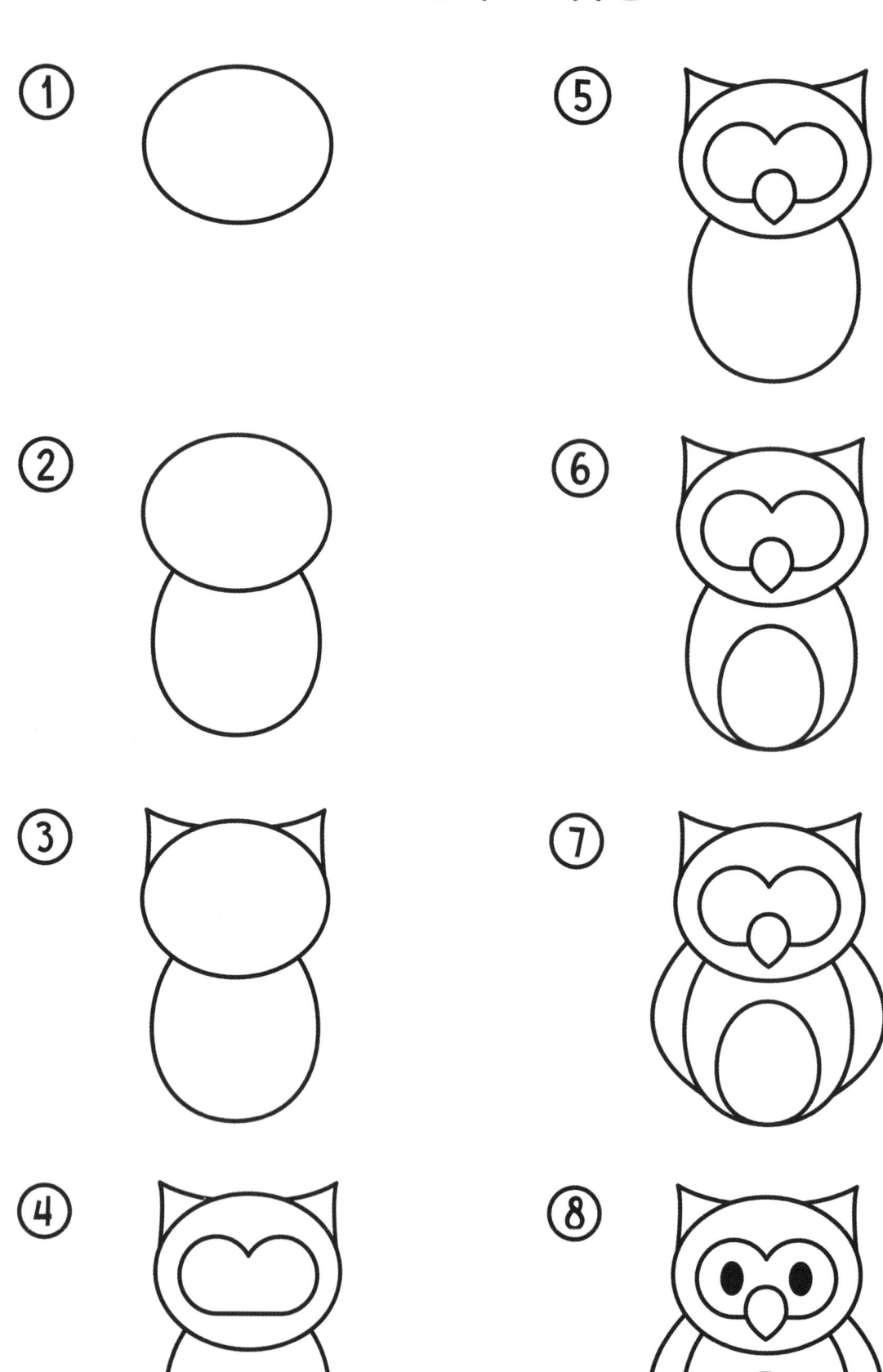

SCHLANGE / SNAKE

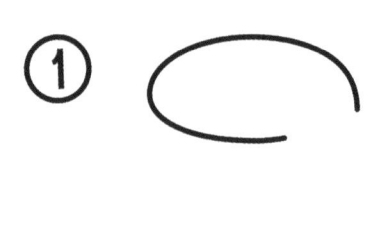

① ② ③ ④ ⑤ ⑥ ⑦

WAL / WHALE

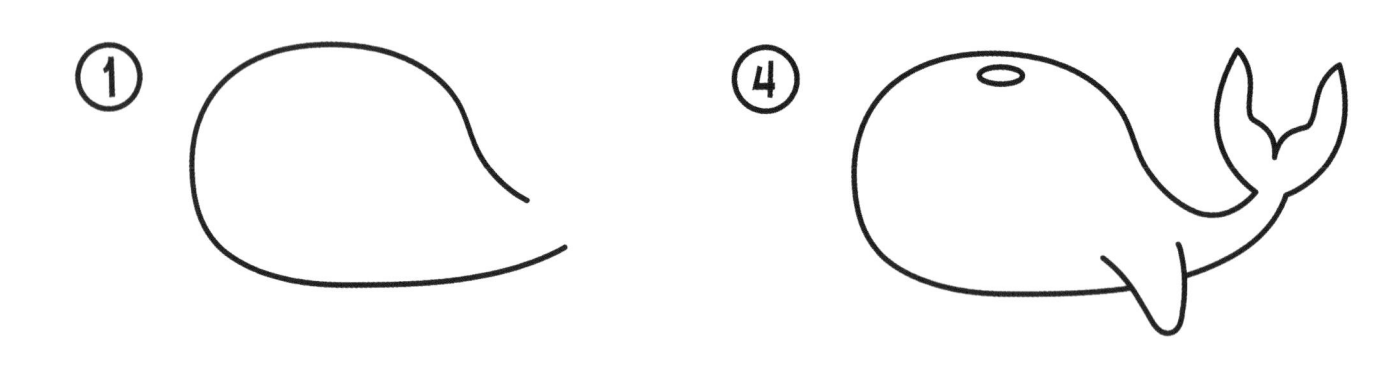

① ② ③ ④ ⑤ ⑥

KOALA / KOALA

① ② ③ ④ ⑤ ⑥

AMEISE / ANT

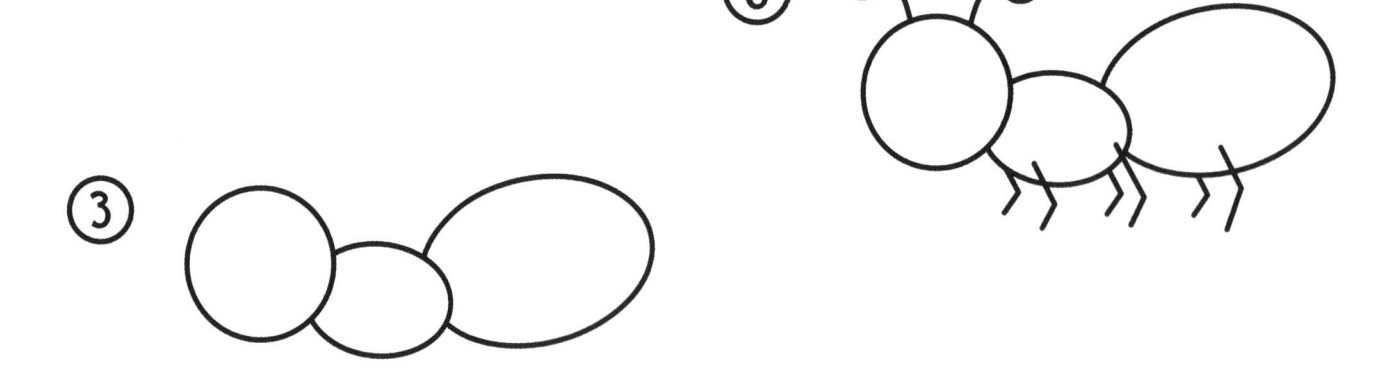

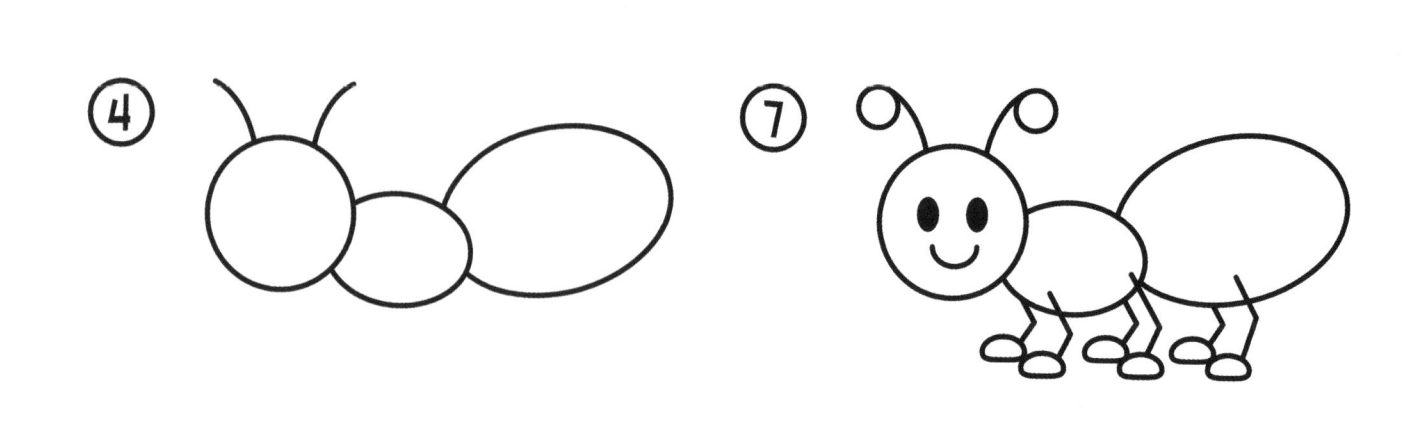

① ② ③ ④ ⑤ ⑥ ⑦

KUH / COW

① ② ③ ④ ⑤ ⑥ ⑦

PARROT / PAPAGEI

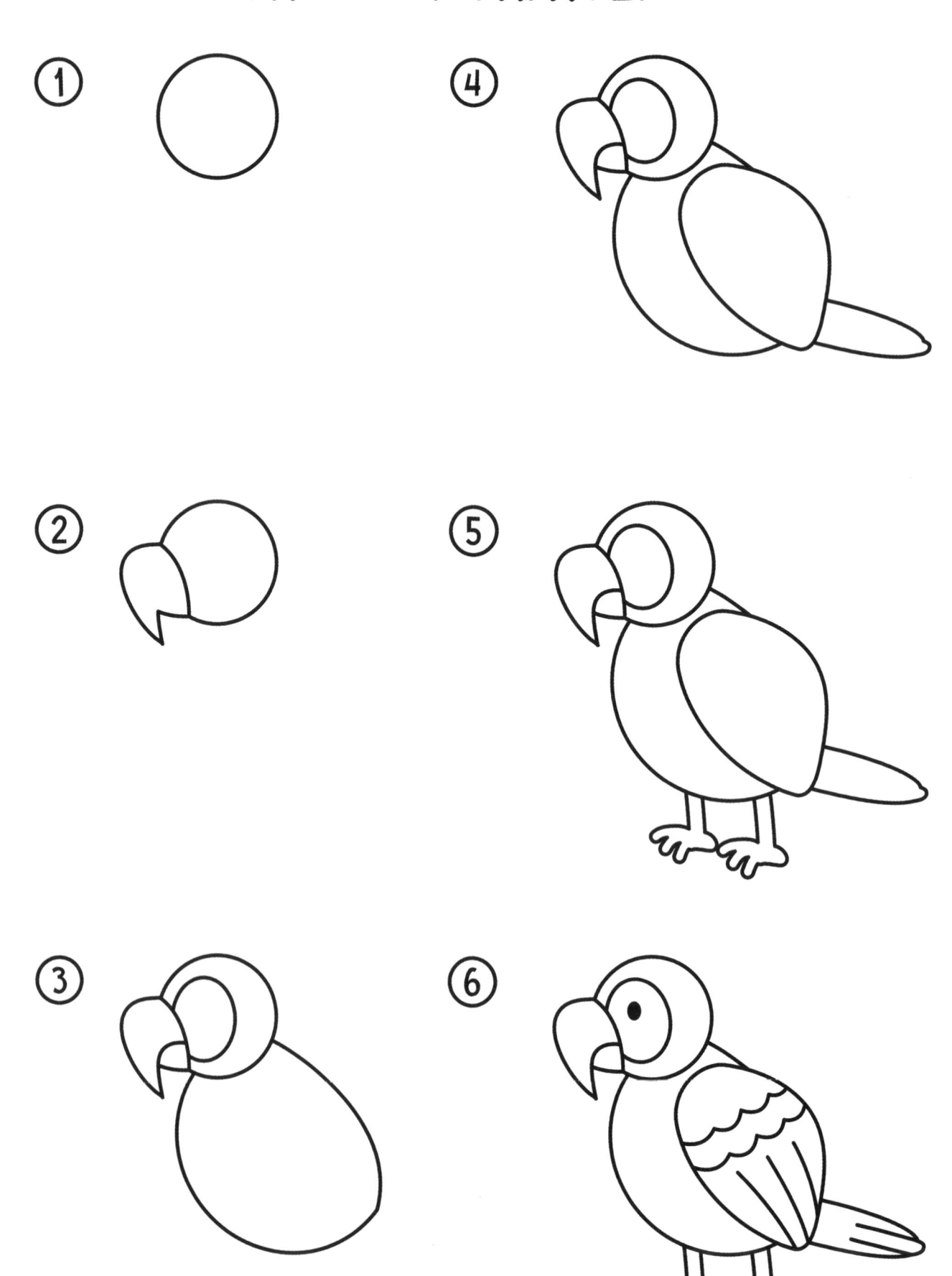

① ② ③ ④ ⑤ ⑥

BÄR / BEAR

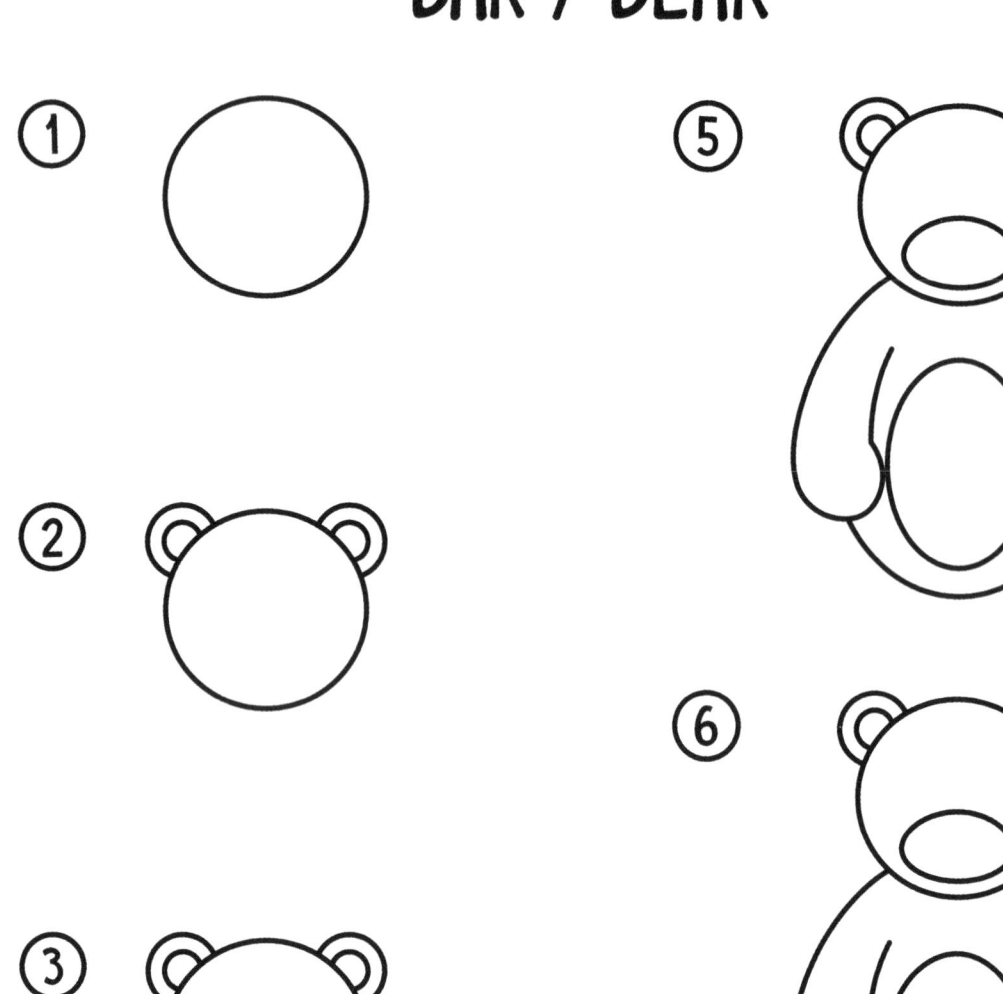

① ② ③ ④ ⑤ ⑥ ⑦

PANDA / PANDA

SPINNE / SPIDER

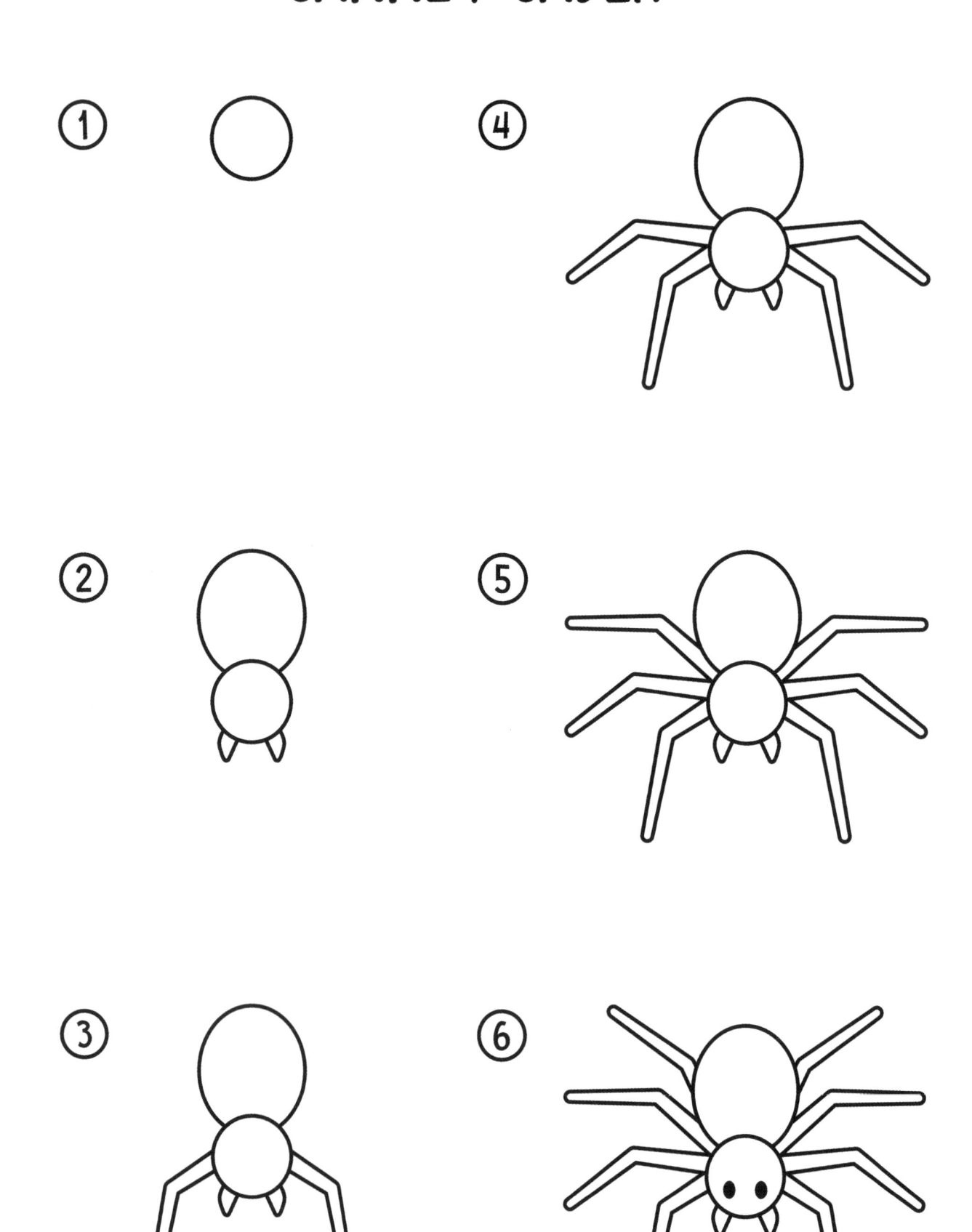

① ② ③ ④ ⑤ ⑥

TINTENFISCH / OCTOPUS

NILPFERD / HIPPO

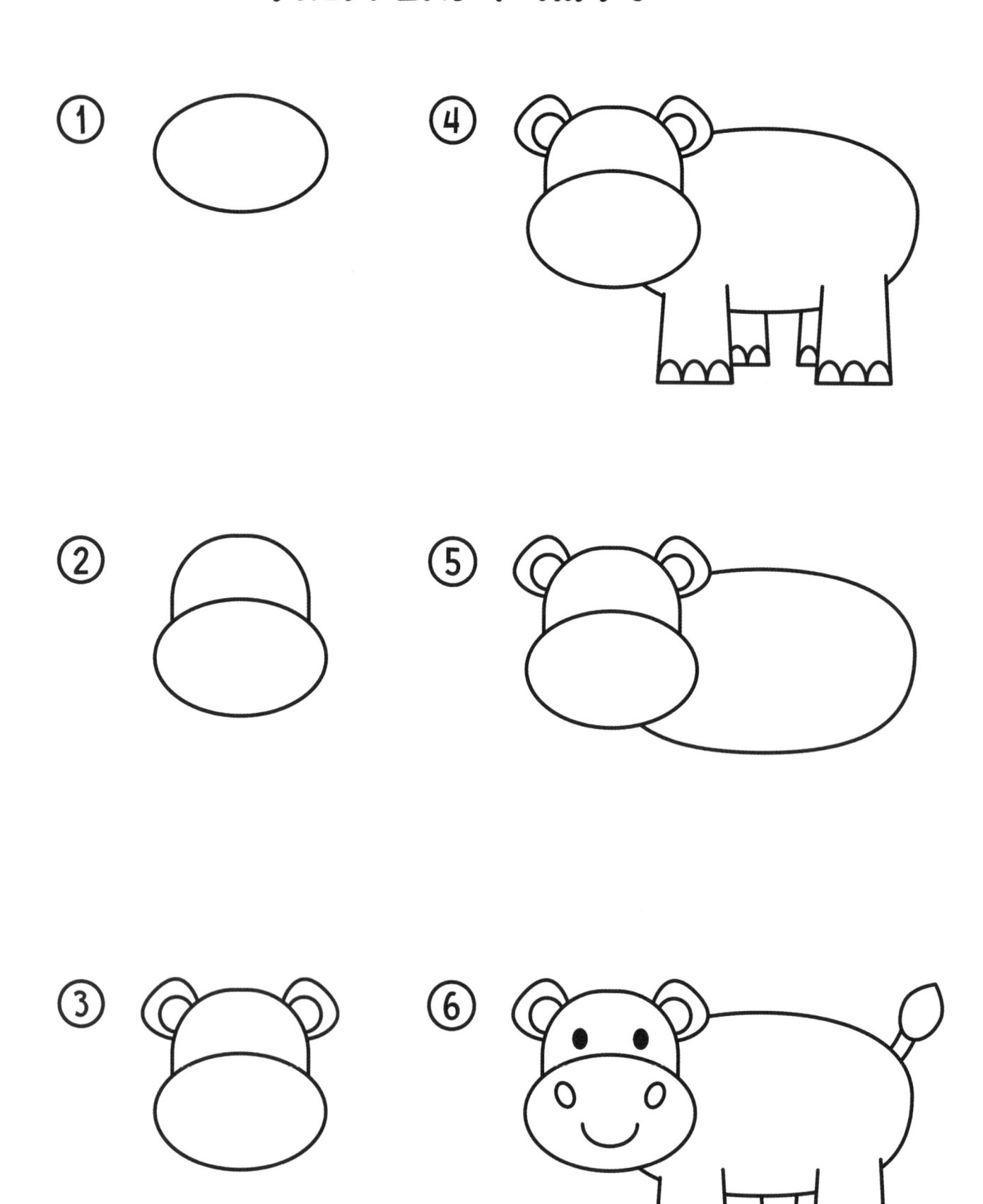

PINGUIN / PENGUIN

SCHWEIN / PIG

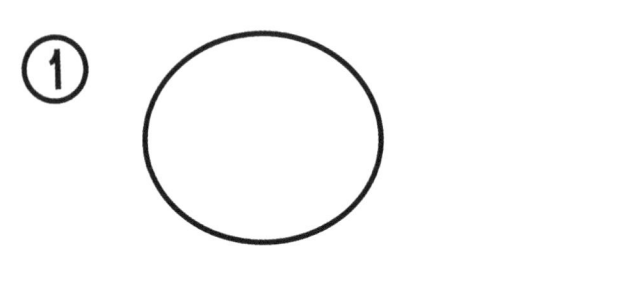

TIGER / TIGER

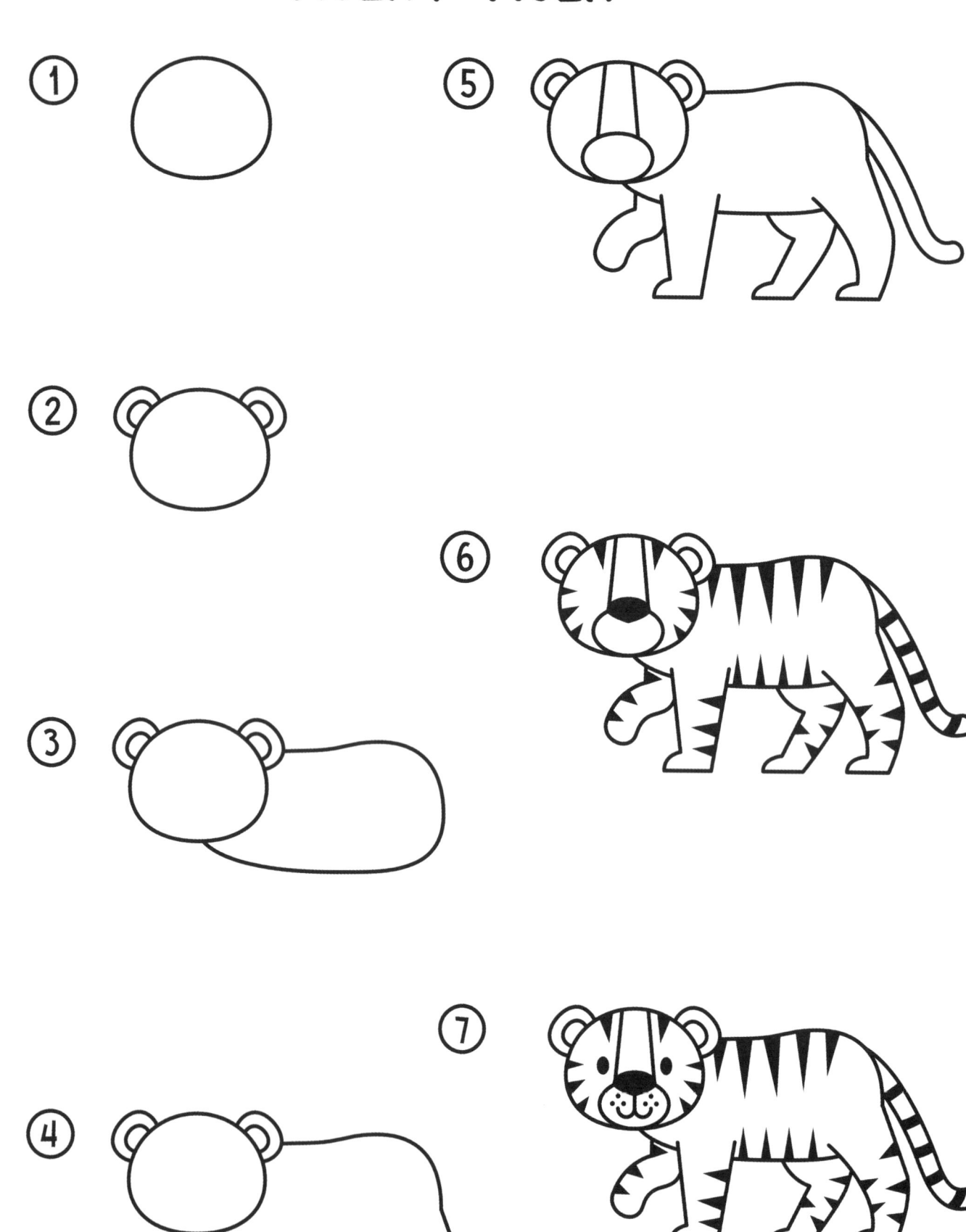

IGEL / HEDGEHOG

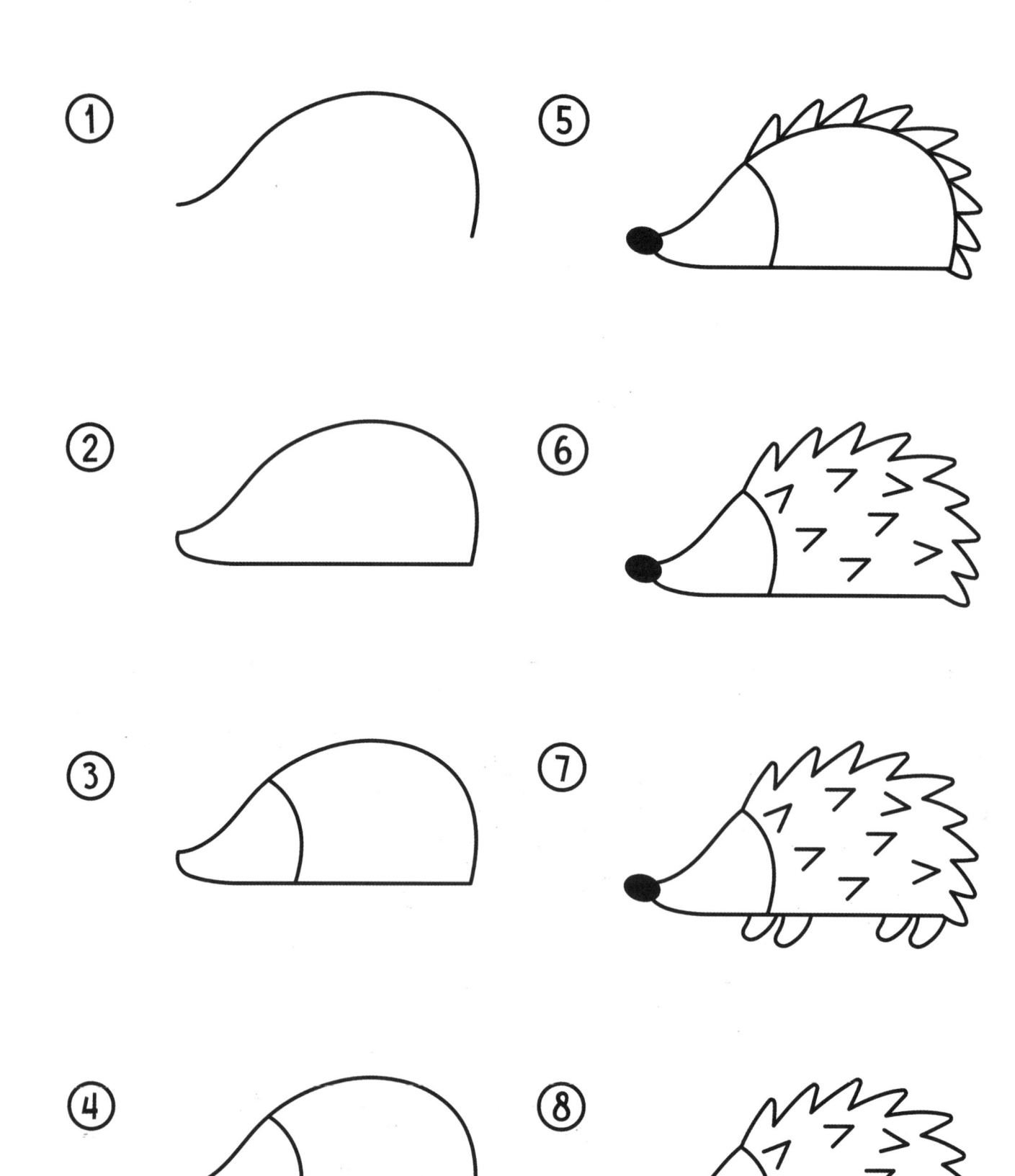

KROKODIL / CROCODILE

① ② ③ ④ ⑤ ⑥ ⑦ ⑧

ZEBRA / ZEBRA

NASHORN / RHINO

KAMEL / CAMEL

PFERD / HORSE

DINOSAURIER / DINO

HUHN / CHICKEN

① ② ③ ④ ⑤ ⑥ ⑦

KÄNGURU / KANGAROO

① ② ③ ④ ⑤ ⑥ ⑦

ZIEGE / GOAT

ESEL / DONKEY

SCHMETTERLING / BUTTERFLY

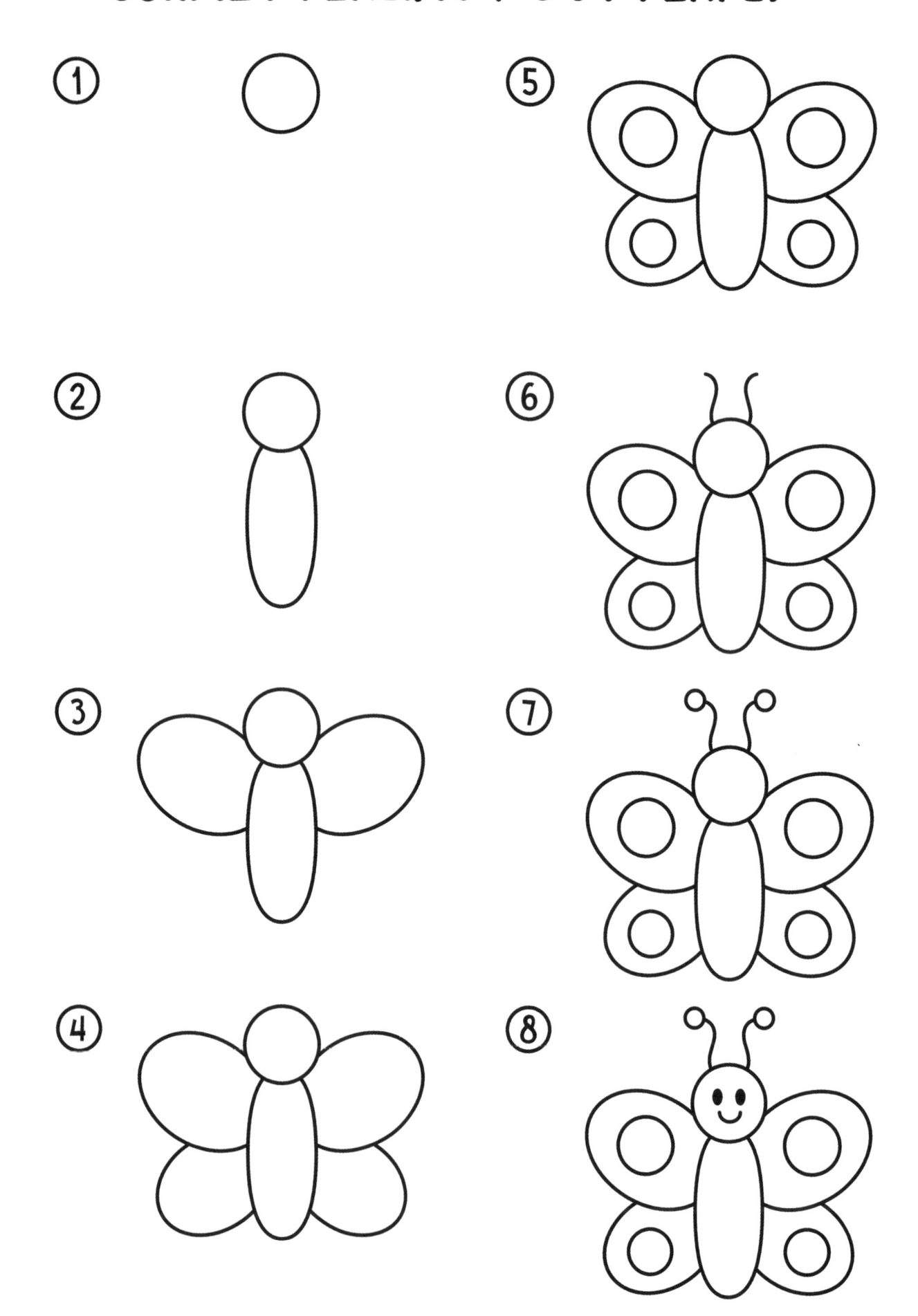

① ② ③ ④ ⑤ ⑥ ⑦ ⑧

Gedruckt/Vertrieben und Verkauft via

Amazon.com, Inc. oder einer Tochtergesellschaft

Impressum: Patrick Jurasits, Kalmusweg 55/95, 1220 Wien, Österreich/Austria